PONTO DE FUGA

PONTO DE FUGA

RODRIGO NOGUEIRA

Coleção
Dramaturgia

Cobogó

Sobre a peça

Ponto de fuga foi assim: eu estava nesse projeto como ator e a história não tinha nada a ver com esta que você leu (ou vai ler). No meio do caminho, o diretor resolveu abandonar o teatro e me convidou pra assumir o projeto (que tinha ganhado um edital da Secretaria de Estado). Quando assumi, resolvi escrever um novo texto da minha cabeça. Do projeto antigo, só o título ficou (e o dinheiro, claro).

Escrevi o primeiro texto da peça — o monólogo inicial — na véspera do primeiro dia de ensaio. Até a estreia, foram uns quarenta dias. Escrevendo e levantando a peça ao mesmo tempo. Com um detalhe: eu ensaiava *Comédia russa*, com os Fodidos Privilegiados, como ator. Foi uma das épocas mais corridas da minha vida. Cheguei a pesar 68kg (tenho 1,80m). Mas considero, por enquanto, este o texto que mais fala o que eu quero dizer.

A fuga é um tipo de composição com um tema original que é seguido por variações. Chega uma hora em que não sabemos mais qual é o original e qual é a variação. *Ponto de fuga* tenta reproduzir essa estrutura musical, só que com duas histórias apenas. Dois mundos paralelos que se fundem num só.

Na minha cabeça — não leia isto antes de ler a peça! — eu conto a história de uma mulher que foi ver uma peça de teatro e voltou a tocar um instrumento musical, há muito tempo esquecido, depois de ver o espetáculo. E o tal espetáculo que ela vê conta a história de um compositor que escreve uma fuga, mas num dado dia perde a capacidade de ouvir música. Só ouve no sonho. Ele dorme para sonhar com a melodia. E ela vê a peça para tocar o instrumento. Ao final, descobrimos que sempre que ele dorme, sonha com ela. Não sabemos se a história dele é a peça, que ela assiste para voltar a tocar, ou se a história dela é o que ele sonha para poder compor.

Muita gente que vai ler esta peça pode não ter essa interpretação. E não tem problema. Porque essa é a beleza do teatro. Ele é mais de uma coisa ao mesmo tempo. (Pinter mandou: uma coisa pode ser ao mesmo tempo verdadeira e falsa!) Por isso eu gosto tanto dessa peça: eu não sei descrever com palavras o porquê. Só sei sentir. (Cafona, mas verdade.)

Uma última coisa antes de terminar. Eu tenho muita dificuldade em dar nome aos personagens. Por isso, na primeira montagem da peça, o músico e a dona de casa eram chamados pelos nomes dos atores (Cristina e Michel). Na segunda, vieram os nomes: Dominique e Dominic. Pra quem ouve é a mesma coisa. O mesmo som. Como os dois (o tema e a variação) podem mesmo ser um só.

Rodrigo Nogueira

Ponto de fuga estreou em 7 de outubro de 2010, no Teatro Gláucio Gill, no Rio de Janeiro.

Elenco
DOMINIQUE (dona de casa): Cristina Flores
DOMINIC (músico): Michel Blois
MARIDO e GAROTO DE PROGRAMA: Lucas Gouvêa
IRMÃ e EMPREGADA: Luísa Friese
AMIGA e MUSICISTA: Aline Fanju e Liliane Rovaris

Texto e Direção
Rodrigo Nogueira

Diretora Assistente
Joana Lerner

Produção Executiva
Daniela Paita e Liliane Rovaris

Iluminação
Paulo Cesar Medeiros

Cenário
Natália Lana

Figurino
Priscila Barcelos e Rosa Duarte

Trilha Sonora
Gabriel Fomm

PERSONAGENS

DOMINIQUE (dona de casa)

DOMINIC (músico)

IRMÃ

EMPREGADA

MUSICISTA

AMIGA

GAROTO DE PROGRAMA

MARIDO

CENA 1

Terceiro sinal. Blecaute. Ouvimos a respiração de Dominique (ou outro som que o valha).

DOMINIQUE: Um som.

Acendem-se as luzes. Palco nu. Dominique no meio do palco.

DOMINIQUE: Um som amarelo. Um som violento. Um som de três meses. [*tempo*] Um som de cabelo branco. De porta-retratos. De medo de mãe. [*tempo*] Som de meia encardida, de frio na boca, de flor quase morta e de cravo com mel. [*tempo*] Um som de parede pintada, de olho molhado, de anel devolvido, de quarta sem sol. [*tempo*] Som de chá. Som de nó. Som de céu. [*tempo*] Som de esqueci a chave de casa e só me dei conta na porta. Um som de saudade agora, mas não posso abraçar. Som de ainda te amo mas não te quero mais. Um som que não sai da minha cabeça porque só existe lá dentro. [*tempo*] Eu quero ouvir. Eu quero ouvir o amarelo, o violento e o tempo. Eu quero ouvir os cabelos brancos, a boca gelada e a fotografia. A cor da parede, o molhado do olho, o encardido da meia, o nublado da quarta e a morte da flor. Eu quero ouvir música. Eu quero ouvir música! Eu quero ouvir o medo da mãe que sempre troca a imagem do filho no porta-retrato amarelo, mas não sabe se daqui a três meses ele vai estar vivo. Eu quero ouvir a tristeza da mulher de aliança que esquenta a boca tomando chá com mel numa quarta nublada se lembrando de um casamento que nunca aconteceu. Eu quero ouvir o desespero lento do homem de cabelo branco que rega um crisântemo seco, e se dá conta de que não pode fazer nada pra que ele não morra. Eu quero ouvir música. Eu quero ouvir a música do sonho... Eu quero ouvir o som do sonho... Eu quero ouvir a música do sonho na.

Dominique, emocionada, quebra. Tira o papel e lê.

DOMINIQUE: Um som.

Blecaute.

Entra música. É uma fuga. Bachianas nº 7, quarto movimento, de Villa-Lobos. O blecaute dura três minutos. E deve ser total. E o som deve ser bem alto, abafando qualquer barulho que possa vir do palco. Nesse tempo, deve entrar o cenário. Ao fim da música, acendem-se as luzes. O público não pode perceber a movimentação do cenário no tempo da música. Pouco antes de a música acabar, ela é interrompida abruptamente.

CENA 2

Luzes. Cenário: quarto de Dominic (músico). Ele se levanta assustado de uma cama enquanto Irmã entra espevitada no quarto falando sem parar. Com alguma ação. Ela pode ir dobrando algumas roupas. (Essas roupas vão ser usadas pelo Marido na cena 3.)

IRMÃ: Acorda, Dominic. Nossa senhora. Tem dormido mais que a cama. Lembra disso? A vovó. Louca, né? Às vezes eu sinto falta dela. Mas era sempre isso. Dormiu mais que a cama, não tá no gibi, será o Benedito, fulana cozinha pedra em santo, eu conheço o meu eleitorado. Eu conheço o meu eleitorado. Era um monte, lembra? Fulana cozinha pedra em santo era ótima. Quantas sofreram. Perdi a conta. Titia coitada. Era muita titia que cozinhava pedra em santo. Eu nunca consegui entender. Você já parou pra pensar?

DOMINIC: O quê?

IRMÃ: Você não tá ouvindo o que eu tô falando, Dominic?

DOMINIC: Das nossas tias.

IRMÃ: Claro que não. Dominic? Eu lá vou ficar falando de titia? Mas será o Benedito? Odeio esse nome. O que tem de aluno meu me chamando de titia não tá no gibi. Se eu não cozinhasse pedra em santo eu ia ser cozinheira. Empregada até. Tudo menos professora, só pra não ser chamada de titia. Titia, titia, vovó, Dominic. Eu tô falando da vovó. Você tem andado muito esquisito ultimamente. Ai que frase estranha. Tô parecendo até ela. Mas é verdade. Verde. Você tá verde. Lembra daquela sala de estar que a gente tinha quando a gente morou no Peru?, Lima, lembra? Era branca, né? À primeira vista era branca, mas se depois você comparava com um branco, branco mesmo, o branco de uma camisa ou chemise, de uma meia soquete, um vestidinho de algodão, sei lá, até de plástico, dava pra ver que era verde. Era verde. Um verde-clarinho, mas verde que parecia branco quando a gente não comparava com nada. Entrava na sala era branco. Mas quando botava o branco do lado virava verde. Era muito engraçado. Mas era verde. E você tá assim. Que nem a parede da sala de TV na casa do Peru.

Dominic faz uma reação bem típica dele. Pode ser uma virada de cabeça. Ela nem vê.

IRMÃ: Engraçado. Eu falei da vovó e nem falei do papai e da mamãe. Não sei por quê? Não sei por que isso. Até parece, né? [ri] Até parece que eles foram pais sociais. Sei lá. Jantar fora, coquetel, recepção. Mas tinha, né? Muito momento. Muito momento bom. Ai, eu me lembro daquele barbeador elétrico. Nossa. Gigantesco pra época, mas era muita novidade. O papai tratava aquilo de um jeito. A gente nem podia chegar perto. Tinha trazido dos Estados Unidos numa daquelas viagens. E era meio primitivo. Tinha uma parte que não podia encostar porque dava choque. Eles entraram no quarto bem na hora que eu tomei. Era um horror. Eu não entendia porque eu não conhecia choque. Criança, né? Não sabia que aquele negócio que eu sentia encostando no, no, no, no, no, no... barbeador era choque. E engraçado que era ruim, claro. Tomar choque é ruim. Mas não era. Enfim. Porque eu não sabia o que era então não era. Enfim. Eu também sinto falta deles, claro. Por que eu não sentiria? Até parece. Eu gostava muito. Eu gostava muito do papai e da mamãe. [*se convencendo*] Eu gostava muito do papai e da mamãe. E você?

Pausa.

DOMINIC: Você tá perguntando se eu gostava do papai e da mamãe?

IRMÃ: É.

Vai questionar Irmã, mas desiste.

DOMINIC: Gostava. Eu sempre gostava.

IRMÃ: Ai, que bom. A gente sempre foi uma família feliz. Ih, gente. Olha aí. Frase estranha de novo. Não sei o que tá acontecendo comigo hoje. Louca que nem a outra. Levanta Dominic. [*senta do lado dele*] Que agonia! Ô Dominic. O que é que tá acontecendo? Você tá verde. Tem alguma coisa acontecendo que você quer me falar? Você tá com algum problema? Como é que tão os ensaios?

DOMINIC: Bem.

IRMÃ: [*em cima*] Ah, que ótimo. Eu já tava achando que era problema nos ensaios. Problema com

	trabalho. Mas também se fosse, resolvido. O que não tem solução, solucionado está.
DOMINIC:	De novo.
IRMÃ:	O quê?
DOMINIC:	Você usou uma frase da vovó. De novo.
IRMÃ:	Usei. Nem percebi. E a peça?
DOMINIC:	O que é que tem a peça?
IRMÃ:	Já terminaram?
DOMINIC:	Ainda não.
IRMÃ:	Que ótimo. Sinal de que tem coisa por aí, né? Então vamos levantar, tomar um café, botar um rouge nessa cara pra tirar essa cor de parede de sala de estar do Peru. Brincadeira. Ah, sabe do que eu tava me lembrando? Da vovó. Aquela música que a vovó cantava pra gente quando eles tavam viajando?
DOMINIC:	Música.
IRMÃ:	É. Sempre que ela ficava com a gente quando o papai e a mamãe viajavam. Tinha uma música, lembra?
DOMINIC:	O que é que tem?
IRMÃ:	Pode te ajudar com a sua peça.
DOMINIC:	Por quê?
IRMÃ:	Não sei. Ela era tão bonita. De repente pra animar os ensaios.
DOMINIC:	É. Pode ser.
IRMÃ:	Qual que é essa mesmo?

DOMINIC: Essa o quê?

IRMÃ: Essa peça que você tá compondo.

DOMINIC: O que é que tem?

IRMÃ: É sinfonia? Não, sonata?

DOMINIC: Fuga. A peça é uma fuga.

IRMÃ: Orquestra ensaiando uma fuga.

DOMINIC: Fuga a duas vozes.

IRMÃ: Eu nunca te vi ensaiar sem antes terminar a peça. Sempre compunha a peça inteira e depois levava pra orquestra. Mas muda, né? Tudo muda. As coisas vão mudando, as pessoas vão mudando, banco de praça mudando, sinal muda muito também. Mão de rua às vezes é uma loucura. E aqueles prédios loucos que surgem do nada, muda tudo. Paisagem muda tudo.

DOMINIC: E você?

IRMÃ: O quê?

Pausa.

DOMINIC: Eu perguntei de você.

IRMÃ: O que é que tem eu?

DOMINIC: Como é que você tá?

IRMÃ: Eu tô bem. Por que é que eu não taria?

Dominic olha para Irmã. Ele diz tudo no olhar. Tipo... tudo.

Ela fica um pouco incomodada.

IRMÃ: [*olha pro lado*] Não entendo pra que cinzeiro no quarto se você não fuma...

Irmã pega o cinzeiro e vai saindo. Dominic a interrompe.

DOMINIC: [*dúbio*] Como é que ele era?

IRMÃ: Ele quem?

DOMINIC: A música? Como é que era a música?

Irmã, meio paralisada, canta para Dominic. Ele se emociona. Mas não por causa da música. E sim porque não ouve a música. (Isso pode ser feito com a irmã cantando de costas para Dominic — ouve-se o som da música —, e quando ela se vira para ele os lábios se mexem, mas o som não sai.)

IRMÃ: Dominic. O que é que foi? É a música.

DOMINIC: Não. Exatamente o contrário.

IRMÃ: O que que é o contrário de música.

DOMINIC: Eu sei que você sente muita saudade dela.

IRMÃ: Você tá falando da vovó?

DOMINIC: Apaga a luz quando sair.

IRMÃ: Mas você acabou de acordar!

Blecaute.

CENA 3

Entra música. Entram móveis parecidos com os do quarto do músico espelhados. É a sala de Dominique. Abre a cena num almoço de domingo. Amiga com uma taça de champanhe. Dominique no centro da mesa. Marido em pé ou por ali.

AMIGA: Mentira!

MARIDO: É verdade.

AMIGA: Eu não acredito em uma palavra do que você tá falando. Que nem os narizes e clavículas que você faz.

MARIDO: Clavículas?

AMIGA: Sei lá. Essas partes do corpo que você fabrica.

MARIDO: Eu não falsifico nada.

DOMINIQUE: Do que é que vocês estão falando?

AMIGA: O seu marido é o maior mentiroso que eu já conheci.

MARIDO: Mas a história aconteceu!

AMIGA: Eu não acredito.

MARIDO: Eu tô te dizendo. Você vê as maiores barbaridades na clínica.

DOMINIQUE: Que história?

MARIDO: Aquela do papiamento.

DOMINIQUE: Papiamento?

MARIDO: É. Daquela senhora com um cachorrinho que falava papiamento.

DOMINIQUE: [*se dando conta*] Ah, é verdade.

AMIGA: Eu acho que é mentira.

DOMINIQUE: Por quê?

AMIGA: Não sei.

MARIDO: O que é que eu preciso fazer pra te convencer?

Amiga ri, louca.

MARIDO: Papiamento.

AMIGA: Papiamento.

MARIDO: E o pior é que o papiamento veio do português.

AMIGA: Ah, é?

MARIDO: [*óbvio*] É uma língua crioula falada na região do Caribe.

AMIGA: Sei...

MARIDO: Tudo indica que teve uma influência espanhola, mas os estudos comprovam que a origem é portuguesa mesmo.

AMIGA: Que interessante.

MARIDO: Inclusive o nome papiamento vem do verbo "papear"!

AMIGA: Não acredito!

DOMINIQUE: Mas o que é que isso tem a ver com a história?

MARIDO: Que história?

DOMINIQUE: Da senhora com o cachorrinho?

MARIDO: Não sei. Mas é uma bela história.

AMIGA: É uma bela história.

MARIDO: E ela é verdadeira.

AMIGA: Por falar em verdadeira, esse tahine tava incrível.

MARIDO: E é de verdade.

DOMINIQUE: Hein?

MARIDO: Incrível é que não dá pra acreditar. E se não acredita é porque não é de verdade. Você disse que o tahine não é de verdade.

AMIGA: Como você é bobo.

MARIDO: E não é verdade?

AMIGA: Tava maravilhoso.

MARIDO: E foi ela quem fez.

DOMINIQUE: Mentira.

AMIGA: Oi?

DOMINIQUE: Não fui eu que fiz o tahine.

MARIDO: Eu sei.

AMIGA: Sabe?

MARIDO: Claro.

AMIGA: Então por que é que você falou que foi ela?

MARIDO: Porque foi.

AMIGA: Eu acho que tomei champanhe demais.

MARIDO: Mas eu tô falando dela.

Aponta para Empregada na penumbra, imperceptível, no fundo da cena.

A Empregada deve ser interpretada pela mesma atriz que faz a Irmã.

MARIDO: Pode tirar, por favor.

DOMINIQUE: Ah. [*ri*] Eu achei que você tivesse falando de mim.

AMIGA: [*ri*] Eu também. [*meio alto*] Ele tava falando da empregada.

Ri. Pequeno constrangimento. Empregada tira o prato e sai de cena.

AMIGA: Calada ela, né?

MARIDO: Não dá um pio.

AMIGA: Ainda bem.

DOMINIQUE: Por quê?

AMIGA: Não sei.

MARIDO: Eu acho que eu nunca ouvi a voz dela.

AMIGA: Sério?

DOMINIQUE: Claro que não.

MARIDO: É sério.

DOMINIQUE: Você sempre faz essas coisas.

AMIGA: [*fora de tom*] Briga de casal.

DOMINIQUE: O que foi?

AMIGA: Acho o máximo briga de casal.

MARIDO: É mesmo?

AMIGA: As pessoas tratam das coisas como se elas fossem morte.

DOMINIQUE: Como assim?

AMIGA: Outro dia eu vi uma mulher chorando porque o marido foi limpar uma manchinha na perna dela com um guardanapo molhado e depois de um tempo ele percebeu que ele tava esfregando uma celulite.

DOMINIQUE: Nossa.

AMIGA: É claro que não foi assim de uma vez. Mas a discussão começou com isso. Briga de casal, né? É um chinelo, um restaurante, uma roupa. O começo pode ser mínimo, mas vira drama igual a morte.

DOMINIQUE: Entendi.

AMIGA: Que nem bebida boa que no dia seguinte vira cachaça.

MARIDO: Como é que é?

AMIGA: O sujeito pode tomar um porre do que for. Mas sempre acorda com bafo de cachaça.

DOMINIQUE: Por que será?

AMIGA: Não sei. Mas eu adoro briga de casal.

DOMINIQUE: Eu não gosto.

MARIDO: Muito menos. [*pausa*] Sorte a sua que você não tem, né?

Amiga para de rir de súbito. Pequeno constrangimento.

AMIGA: É. Eu sou uma mulher muito sortuda mesmo.

Silêncio. Dominique começa a cantarolar a música que Dominic não ouviu na cena anterior.

MARIDO: Cadê o cinzeiro verde?

AMIGA: Não, obrigada, querido, eu tô parando.

MARIDO: Você sabe onde tá o cinzeiro, Dominique?

Dominique cantarolando e não responde.

MARIDO: Dominique!

DOMINIQUE: Oi?

MARIDO: Eu te perguntei do cinzeiro.

DOMINIQUE: O cinzeiro?

MARIDO: É, o cinzeiro de cristal verde-claro que a sua mãe trouxe do Peru, Lima, lembra?

DOMINIQUE: Pra que que você quer cinzeiro? Ela tá parando de fumar.

MARIDO: Eu só tô perguntando onde ele tá.

DOMINIQUE: Por quê?

MARIDO: Pra saber. O cinzeiro sempre fica no mesmo lugar e agora ele não tá.

DOMINIQUE: E você precisa saber o lugar das coisas?

MARIDO: O quê?

DOMINIQUE: [*epifania*] Eu perguntei se você precisa sempre saber o lugar das coisas. O que é que acontece quando você não sabe o lugar delas?

MARIDO: Não tô te entendendo Dominique.

AMIGA: [*ri*] Esse meu champanhe não tá te fazendo bem.

DOMINIQUE: Eu só falei.

MARIDO: A Dominique tem andado muito esquisita ultimamente.

AMIGA: Que frase.

DOMINIQUE: Quer parar.

MARIDO: Sabe qual a última novidade dela?

DOMINIQUE: Vocês querem sobremesa?

AMIGA: Conta.

MARIDO: Teatro.

AMIGA: O quê?

MARIDO: Teatro. Aquele negócio chato em que algumas pessoas falam e um monte de gente fica calada.

DOMINIQUE: Eu vou pedir pra ela trazer a sobremesa.

AMIGA: Eu sei, né?

MARIDO: Dominique deu pra se meter com teatro.

DOMINIQUE: Não é verdade.

MARIDO: Outro dia cheguei mais cedo da clínica.

AMIGA: Olha!

MARIDO: Dominique tava no meio da sala de TV.

AMIGA: No meio?

MARIDO: Dizendo um texto de teatro.

DOMINIQUE: Eu acho que ela fez ambrosia.

AMIGA: É verdade isso, Dominique?

DOMINIQUE: Ou baba-de-moça, não sei direito.

MARIDO: Conta pra ela, Dominique.

DOMINIQUE: Chuvisco.

AMIGA: O quê?

DOMINIQUE: Ela fez chuvisco.

AMIGA: Eu quero saber do teatro.

DOMINIQUE: Não tem nada pra contar.

MARIDO: Não foi o que eu vi.

AMIGA: Fala, Dominique. [*tempo*] Alô?

Pausa.

DOMINIQUE: Eu fui ver uma peça.

AMIGA: Uma peça?

DOMINIQUE: Isso. Eu fui ver uma peça.

MARIDO: E...

DOMINIQUE: E eu resolvi pegar o texto.

AMIGA: [*alto*] Você comprou os direitos de uma peça?

DOMINIQUE: Não!

AMIGA: Ah, tá, achei que você tivesse comprado.

MARIDO: Conta pra ela, Dominique.

DOMINIQUE: Eu escrevi num papel. O texto de uma cena.

EMPREGADA: Conta pra ela, Dominique.

DOMINIQUE: E eu tentei repetir a cena, só isso.

AMIGA: Por quê?

MARIDO: Taí uma pergunta que eu ainda não fiz.

DOMINIQUE: Por quê?

AMIGA: A peça. Por que é que você repetiu o texto da peça.

DOMINIQUE: Porque me fez sentir.

AMIGA: Te fez sentir.

DOMINIQUE: Quando eu ouvi. Aquelas palavras. Aquele som.

AMIGA: Sei.

DOMINIQUE: Me fez sentir uma coisa que eu nunca tinha sentido antes. [*pausa*] Na vida. [*pausa*] Aí eu resolvi repetir a cena pra tentar sentir aquilo de novo.

MARIDO: E você conseguiu?

Empregada entra e deixa cair uma bandeja com talheres.

AMIGA: Ai, que susto.

DOMINIQUE: Foi um acidente.

AMIGA: Não fala nada mas é barulhenta.

DOMINIQUE: Você quer ajuda?

MARIDO: Sentir na vida.

DOMINIQUE: Será que eu pego um pano?

AMIGA: Não derrubou nada.

DOMINIQUE: Fica tranquila, pode deixar.

AMIGA: Nada que não fosse sólido.

MARIDO: [*para Empregada*] Por falar em ajuda, depois você tem que me contar a história da sua filha.

AMIGA: Hein?

MARIDO: A filhinha dela tá com um problema.

AMIGA: A filha?

MARIDO: É. Uma menina. A filha dela tá com problema.

AMIGA: Nariz grande ou peito pequeno?

DOMINIQUE: Um problema de saúde. A gente não sabe ainda o que é direito e ele ficou de ajudar.

MARIDO: Depois você tem que me contar.

DOMINIQUE: Ver se alguém lá da clínica. Ou algum conhecido. [*para Empregada*] Fica tranquila que a gente vai te ajudar.

Empregada sai.

DOMINIQUE: Ela tem andado muito nervosa.

AMIGA: O que é que a garota tem?

DOMINIQUE: Ninguém sabe ainda mas parece que é grave.

AMIGA: Ajuda a moça.

MARIDO: Eu vou ajudar.

Amiga solta uma risada.

DOMINIQUE: O que foi?

AMIGA: Você tá ficando com cabelo branco!

MARIDO: Tô?

AMIGA: Tá sim, tem um caracolzinho aqui, ó.

MARIDO: Eu nem tinha reparado.

AMIGA: Devia ter, né?

MARIDO: O quê?

AMIGA: Plástica pra cabelo?

MARIDO: Não entendi.

AMIGA: Tem plástica pra tudo. Devia ter pra cabelo.

MARIDO: Cabelo é morto.

AMIGA: Hein?

MARIDO: O cabelo é uma parte do corpo que já é cadáver. Não tem vida. Não dá pra fazer plástica porque já é cadáver. Tá só esperando o resto que ainda tá vivo pra morrer e virar cadáver. Pra ficar tudo igual.

AMIGA: Nossa.

DOMINIQUE: Bom, pelo visto ninguém vai querer sobremesa.

AMIGA: Adorei.

DOMINIQUE: O tahine?

AMIGA: A história da peça.

DOMINIQUE: Você viu?

MARIDO: Ela tá falando de você.

DOMINIQUE: Ah, claro.

MARIDO: Dominique gosta muito dessa peça.

DOMINIQUE: Para.

MARIDO: Ela até voltou a tocar depois que viu a peça.

AMIGA: Voltou a tocar?

MARIDO: Outra novidade.

AMIGA: Dominique, depois de tantos anos.

DOMINIQUE: Pois é.

AMIGA: Como é que foi isso?

DOMINIQUE: Eu não sei explicar.

AMIGA: Toca pra gente, vai.

DOMINIQUE: Agora, não. Eu tô muito cansada. Daqui a pouco eu toco.

MARIDO: E sobre o que é?

DOMINIQUE: O quê?

MARIDO: A peça. Sobre o que é a peça?

AMIGA: É, Dominique. Sobre o que é a peça?

Pausa.

DOMINIQUE: Sobre um homem.

MARIDO: Sobre um homem?

DOMINIQUE: É. Sobre um homem e a música.

AMIGA: Homemúsica?

DOMINIQUE: É a história de um jovem compositor, que mora com a irmã. E que parou de ouvir música.

AMIGA: Como parou?

DOMINIQUE: Um dia ele acordou e não ouvia mais a música.

AMIGA: Ele ficou surdo.

DOMINIQUE: Não. Ele ouve todos os sons. Todos os sons. Menos música.

MARIDO: Como é que ele faz, então?

DOMINIQUE: Ele dorme.

Blecaute.

CENA 4

Os móveis tanto do quarto de Dominic quanto da sala de Dominique mudam de posição, mudando o ponto de vista da plateia. Mas continuam espelhados. Podem agora estar um de frente para o outro em cada lado do palco.

Luzes. Quando a luz se acende, a música cessa e vemos Dominic se levantando abruptamente. Garoto de programa está parado ali com uma mala.

O Garoto de programa deve ser interpretado pelo mesmo ator que faz o Marido.

GAROTO DE PROGRAMA: Eu te acordei?

DOMINIC: Quem é você?

Garoto de programa vai falar, mas Dominic o interrompe.

DOMINIC: Ah, desculpa. Eu tinha me esquecido. Como é que você entrou?

GAROTO DE PROGRAMA: A porta tava aberta.

DOMINIC: De casa?

GAROTO DE PROGRAMA: Escancarada.

DOMINIC: A minha irmã.

GAROTO DE PROGRAMA: O quê?

DOMINIC: Ela não tá muito bem.

GAROTO DE PROGRAMA: Não entendi.

DOMINIC: A minha irmã não tá muito bem. Deve ter deixado a porta.

GAROTO DE PROGRAMA: Entendi.

Silêncio.

DOMINIC: Você pode entrar.

GAROTO DE PROGRAMA: Eu já tô dentro.

Garoto de programa começa a andar pelo quarto.

GAROTO DE PROGRAMA: Você precisa de um tempo?

DOMINIC: Que tempo?

GAROTO DE PROGRAMA: Pra se lavar.

DOMINIC: Me lavar?

GAROTO DE PROGRAMA: Você acabou de acordar. Eu sempre me lavo quando eu acordo.

DOMINIC: Não, obrigado, eu tô bem.

GAROTO DE PROGRAMA: Ainda por cima que você parece ter tirado um belo ronco.

Dominic olha.

GAROTO DE PROGRAMA: Só faltou o tronquinho com a serrinha.

Pausa.

DOMINIC: É que eu preciso.

GAROTO DE PROGRAMA: Precisa.

DOMINIC: Eu preciso sonhar.

GAROTO DE PROGRAMA: Hein?

DOMINIC: [*baixo*] Sonhar com ela.

GAROTO DE PROGRAMA: Ela quem?

Pausa.

GAROTO DE PROGRAMA: Você trabalha?

DOMINIC: O quê?

GAROTO DE PROGRAMA: Eu perguntei se você trabalha. [*tempo*] No meio da tarde...

DOMINIC: Trabalho, eu trabalho sim.

GAROTO DE PROGRAMA: Com o quê?

Dominic vai responder e Garoto de programa o corta.

GAROTO DE PROGRAMA: Ah, desculpa, eu pergunto mesmo.

DOMINIC: Pergunta.

GAROTO DE PROGRAMA: Pergunto. Eu sei que não é normal, mas eu pergunto. Pra todo mundo que me chama. Algumas pessoas acham esquisito. Mas quando perguntam pra gente é tão normal, então por que não fazer o contraponto também?

DOMINIC: Claro.

GAROTO DE PROGRAMA: Se você não quiser, não precisa responder, mas é melhor quando responde.

DOMINIC: Não, tudo bem. Eu não me incomodo.

GAROTO DE PROGRAMA: Que bom.

DOMINIC: Música.

GAROTO DE PROGRAMA: Hein?

DOMINIC: Eu faço música.

GAROTO DE PROGRAMA: Como assim?

DOMINIC: Você não perguntou o que eu faço?

GAROTO DE PROGRAMA: Não, eu perguntei se você trabalha.

DOMINIC: Eu trabalho com música.

GAROTO DE PROGRAMA: Você é cantor?

DOMINIC: Não.

GAROTO DE PROGRAMA: Eu tocava flauta doce quando era criança!

Reação Dominicana.

GAROTO DE PROGRAMA: E pandeirinho também. Meio rosa.

DOMINIC: O quê?

GAROTO DE PROGRAMA: O pandeirinho que eu tocava era meio rosa. A flauta, não. Era bege.

DOMINIC: Entendi.

GAROTO DE PROGRAMA: Você toca o quê?

DOMINIC: Nenhum instrumento em especial.

GAROTO DE PROGRAMA: Que raio de música é essa que não canta e não tem instrumento.

DOMINIC: Eu componho.

GAROTO DE PROGRAMA: Compõe?

DOMINIC: É. Eu escrevo música.

GAROTO DE PROGRAMA: Você é compositor.

DOMINIC: Eu até toco alguns instrumentos.

GAROTO DE PROGRAMA: Pra ouvir a sua composição.

DOMINIC: Pra compor. Mas nada em especial.

GAROTO DE PROGRAMA: Saquei. [*tempo*] E o tipo?

DOMINIC: O tipo?

GAROTO DE PROGRAMA: De música. Você compõe que tipo de música?

DOMINIC: Clássica.

GAROTO DE PROGRAMA: Clássica?

DOMINIC: É. Eu componho música clássica.

Silêncio.

GAROTO DE PROGRAMA: Eu nunca quis ser médico.

DOMINIC: Você é médico também?

GAROTO DE PROGRAMA: Não. Você não ouviu o que eu falei? Eu nunca quis ser médico.

DOMINIC: Ah, tá. É que eu pensei que você.

GAROTO DE PROGRAMA: Toda mãe tem isso, né? Filho médico. Na minha família, não. Eu nunca quis ser médico. Eu tô na profissão há pouco tempo mas eu gosto bastante.

DOMINIC: Quantos anos você tem?

GAROTO DE PROGRAMA: Vinte e três.

DOMINIC: Você tem 23 anos?

GAROTO DE PROGRAMA: Tenho. [*tempo*] Por quê?

DOMINIC: Não, por nada.

GAROTO DE PROGRAMA: Vou fazer 24 na primavera.

DOMINIC: Parabéns.

GAROTO DE PROGRAMA: Eu faço aniversário na primavera.

Tempo.

DOMINIC: Você gosta?

GAROTO DE PROGRAMA: De quê?

DOMINIC: De música.

GAROTO DE PROGRAMA: Ah. Não tem como não gostar.

DOMINIC: Por quê?

GAROTO DE PROGRAMA: Porque faz a gente esquecer.

DOMINIC: Esquecer? Esquecer o quê?

GAROTO DE PROGRAMA: Que eu sou eu. E você é você.

DOMINIC: Não entendi.

GAROTO DE PROGRAMA: É que quando eu escuto música parece que tudo vira uma coisa só. Quando eu escuto música parece que eu me misturo com o mundo. [*tempo*] Faz a gente esquecer.

Reação Dominicana dois.

GAROTO DE PROGRAMA: O que é que aconteceu com a sua irmã?

DOMINIC: O filho dela morreu.

GAROTO DE PROGRAMA: O filho?

DOMINIC: É. Um menino.

Silêncio. Garoto de programa abre a mala e começa a tirar objetos fálicos de dentro dela.

DOMINIC: O que é que você tá fazendo?

GAROTO DE PROGRAMA: Os objetos. Eu trabalho com objetos. Eu te avisei qual era a minha especialização.

DOMINIC: Eu não quero ser penetrado.

GAROTO DE PROGRAMA: O quê?

DOMINIC: Eu disse que eu não quero ser penetrado.

Garoto de programa congela. E começa a guardar tudo.

DOMINIC: O que é que você tá fazendo?

GAROTO DE PROGRAMA: Nem vem, meu amigo.

DOMINIC: Espera.

GAROTO DE PROGRAMA: Nem adianta.

DOMINIC: Me ouve.

GAROTO DE PROGRAMA: Ou sou eu que boto ou não tem negócio.

DOMINIC: Por favor.

GAROTO DE PROGRAMA: O meu copinho é sem canudo.

DOMINIC: Eu só quero que você ouça.

GAROTO DE PROGRAMA: Não insiste.

DOMINIC: Música.

GAROTO DE PROGRAMA: O quê?

DOMINIC: Eu só quero que você ouça música.

Silêncio.

GAROTO DE PROGRAMA: Eu não entendi.

DOMINIC: Eu quero que você ouça música.

GAROTO DE PROGRAMA: Como assim, ouvir música?

DOMINIC: Eu quero olhar pro seu rosto enquanto você ouve música.

GAROTO DE PROGRAMA: Olhar pra mim?

DOMINIC: Enquanto você ouve música.

Garoto de programa estranha, mas arrefece.

GAROTO DE PROGRAMA: Não vai me sujar não, hein!

DOMINIC: Sujar?

GAROTO DE PROGRAMA: Você entendeu.

DOMINIC: Não, não entendi.

GAROTO DE PROGRAMA: O que é que você vai fazer enquanto você ficar olhando pra mim?

DOMINIC: Nada. Eu só vou olhar pra você.

GAROTO DE PROGRAMA: Só olhar?

DOMINIC: Só olhar.

GAROTO DE PROGRAMA: Pra quê?

DOMINIC: Pra tentar me misturar com o mundo.

Entra música. Dominic senta de costas para a plateia e observa Garoto de programa ouvindo música. A luz vai se apagando. Mais uma mudança de móveis. Agora eles podem girar mais uma vez e terminar de forma oposta ao início da peça, ainda espelhados. Acendem-se as luzes todas do lado de Dominique. A Amiga e o Marido já estão posicionados numa configuração parecida com a da cena 1. Dominique continua ali, como se estivesse em transe.

CENA 5

AMIGA: Ela tapou o seu ouvido com fermento?

MARIDO: E as narinas com canela ralada.

AMIGA: [*ri seco*] Eu não acredito.

MARIDO: Ela era louca.

AMIGA: Isso tudo porque ela queria que você fosse médico?

MARIDO: Que mãe não quer que o filho seja médico?

AMIGA: Mas era uma simpatia?

MARIDO: Simpatia.

AMIGA: Simpatia, simpatia?

MARIDO: Quase uma macumba.

AMIGA: Nossa.

MARIDO: Só não tinha o tambor e a mão tortinha.

AMIGA: O pai rico de uma amiga minha tem uma filha macumbeira. [*tempo*] Acho edificante gente com dinheiro que é macumbeira.

MARIDO: Por quê?

AMIGA: Não sei.

MARIDO: Fermento no ouvido e canela na narina.

AMIGA: Pelo visto deu certo, né?

MARIDO: Muito. Se eu sentir o cheiro de canela, hoje em dia, eu vomito.

AMIGA: E bolo com fermento?

MARIDO: Hein?

AMIGA: Você consegue comer bolo com fermento?

MARIDO: Consigo. Por quê?

Amiga ri.

MARIDO: O trauma foi só com a canela.

AMIGA: Pão de ló é tão gostoso.

MARIDO: Pão de ló é.

AMIGA: Mas que deu certo, deu.

MARIDO: A simpatia?

AMIGA: Deu certo a simpatia.

MARIDO: É, a simpatia deu certo.

AMIGA: Isso lá é verdade.

MARIDO: Isso lá é.

AMIGA: Você nunca tinha me contado essa história, Dominique!

Dominique ali, em transe.

AMIGA: Dominique!

DOMINIQUE: Que foi?

AMIGA: O que é que deu em você?

DOMINIQUE: Eu tava ouvindo.

AMIGA: Ouvindo o quê?

DOMINIQUE: Nada não.

AMIGA: O marido é macumbeiro, mas é a outra que recebe.

DOMINIQUE: Hein?

MARIDO: Eu tava contando pra ela a história da simpatia.

DOMINIQUE: Simpatia?

MARIDO: Simpatia que a minha mãe fez pra eu ser médico.

DOMINIQUE: Ah, tá. A história da simpatia.

MARIDO: Eu tava contando pra ela a história da simpatia.

DOMINIQUE: Eu entendi.

MARIDO: Pena que você não.

DOMINIQUE: Eu não o quê?

Marido dá uma porrada na mesa.

MARIDO: Caramba, Dominique!

Silêncio.

DOMINIQUE: [*peitando, velada*] O quê?

MARIDO: O que é que tá acontecendo com você?

Pausa.

DOMINIQUE: Que som?

MARIDO: Hein?

DOMINIQUE: Que som foi esse?

AMIGA: [*explicativa*] O seu marido bateu na mesa com a mão espalmada e disse caramba.

Os dois olham para Amiga.

AMIGA: Ué, gente. Foi esse o som.

DOMINIQUE: Por que é que você fez isso?

MARIDO: Porque você não tava me escutando.

Empregada entra e começa a tirar coisas.

AMIGA: A empregada!

DOMINIQUE: Por favor.

AMIGA: [*alto*] Como é que tá a sua filha?

DOMINIQUE: Não chama ela assim.

AMIGA: Já descobriram o que é que a garota tem?

DOMINIQUE: Ainda não descobriram.

AMIGA: Tomara que ela melhore logo.

DOMINIQUE: Ela não é surda!

AMIGA: Você ajudou a garota?

MARIDO: Ainda não tive oportunidade.

AMIGA: Tô rezando por você, viu?

MARIDO: Não me foi dada.

AMIGA: Orando, né, que vocês falam?

DOMINIQUE: Ela não é surda pra você falar com ela dessa maneira.

AMIGA: [*normal*] Quem disse que eu achei que ela fosse surda? [*alto*] Obrigada, querida, pode levar o meu.

Empregada sai. Marido dá um pequeno soco na mesa.

MARIDO: Droga.

AMIGA: O que foi?

MARIDO: Esqueci de lavar o carro.

DOMINIQUE: [*engoliu já*] Não é grave.

MARIDO: Carro preto não pode esquecer. Fica parecendo velho com uma semana que não lava.

AMIGA: Não gosto de carro preto. Morro de medo!

MARIDO: Por quê?

AMIGA: Não sei.

DOMINIQUE: Alguém vai querer sobremesa?

AMIGA: Dominique! Eu me esqueci de te dizer. [*bate palminha*] Lindo!

DOMINIQUE: Lindo?

AMIGA: Foi lindo.

DOMINIQUE: O que é que foi lindo?

AMIGA: Você tocando pra gente semana passada.

MARIDO: Foi mesmo.

AMIGA: Desde a época de faculdade.

DOMINIQUE: Desde a época de faculdade.

AMIGA: Quando a gente era solteira!

MARIDO: Você ainda é.

AMIGA: Eu nunca mais tinha te visto tocando.

MARIDO: Se bem que você usa aliança.

DOMINIQUE: Pois é, eu parei.

AMIGA: A Dominique era incrível.

MARIDO: Ela ainda é.

AMIGA: Deixava todo mundo com a rabiola na bacurinha.

MARIDO: Que expressão é essa?

AMIGA: Não sei.

DOMINIQUE: Você também era uma mulher muito luminosa.

AMIGA: Bobagem.

DOMINIQUE: Ainda é.

MARIDO: O que é que era mesmo?

DOMINIQUE: O que era o quê?

MARIDO: Que você tocou pra gente? Semana passada?

DOMINIQUE: Fuga. Eu toquei uma fuga.

AMIGA: Fuga!

DOMINIQUE: Uma composição em que um tema original é repetido com pequenas diferenças. Como se fosse por outro ponto de vista.

AMIGA: Que interessante.

MARIDO: Fala mais sobre a sua fuga.

DOMINIQUE: Falar o quê?

MARIDO: Por que é que ela tem esse nome?

DOMINIQUE: De fuga?

AMIGA: [*animada*] Isso! Conta pra gente por que é que se chama fuga.

DOMINIQUE: Porque é como se o compositor estivesse fugindo.

MARIDO: Fugindo.

DOMINIQUE: Fugindo do tema. O compositor escrevesse variações do tema original como se ele estivesse fugindo dele.

AMIGA: Fugindo.

MARIDO: Ou perseguindo.

AMIGA: Hein?

MARIDO: Como o tema e a variação vão se misturando, no fundo eles viram uma coisa só. Então o compositor pode estar fugindo do tema ou perseguindo. Depende do ponto de vista. Não é isso, Dominique?

Silêncio.

DOMINIQUE: É. É isso mesmo.

AMIGA: Só achei uma pena você não ter tocado a coisa toda.

DOMINIQUE: Que coisa?

AMIGA: A peça. Você não tocou ela inteira, né? Por quê?

DOMINIQUE: Eu não sei.

AMIGA: Você não sabe ela inteira?

DOMINIQUE: Eu acho que ela não foi acabada.

MARIDO: Por falar em peça, como é que anda o seu teatro?

AMIGA: A peça!

MARIDO: É o cachorrinho dela.

AMIGA: Você comprou um bichon frisê?

DOMINIQUE: Não.

AMIGA: Ah, bom, achei que você tivesse comprado.

MARIDO: Eu tô falando da peça.

AMIGA: Ia ser a senhora com o cachorrinho.

MARIDO: Aquela chatice do compositor que não consegue mais ouvir música.

AMIGA: Cachorrinho não vê cor!

DOMINIQUE: Você não tem o direito.

MARIDO: Prostituto boa-pinta e a irmã que é professora.

AMIGA: A senhora com o cachorrinho.

MARIDO: A Dominique trata essa peça como se fosse o cachorrinho.

DOMINIQUE: A relação é diferente.

AMIGA: Que nem a história do papiamento.

MARIDO: Deu pra ficar dizendo texto, agora.

DOMINIQUE: E qual é o mal?

MARIDO: Texto de teatro na minha casa.

DOMINIQUE: Qual é o mal em querer sentir?

MARIDO: Dominique é capaz de matar alguém por essa peça.

DOMINIQUE: Sou mesmo.

MARIDO: E nem ia ser culpada.

AMIGA: Ah, não?

MARIDO: A sudorese.

AMIGA: Hein?

DOMINIQUE: Eu suo muito nas mãos.

AMIGA: Eu sei.

MARIDO: Ah, isso você sabe?

DOMINIQUE: [*alto*] Eu não tenho identidade.

AMIGA: Oi?

Pequena pausa.

DOMINIQUE: Digitais. Eu não tenho digitais.

AMIGA: Não tem.

DOMINIQUE: [*lento*] O suor na minha mão apaga as digitais. Com o tempo os meus dedos se corroem. O ácido do suor vai corroendo as minhas digitais. E apaga. Com o tempo corrói.

Silêncio.

Amiga ri.

MARIDO: O que foi?

AMIGA: Seu caracolzinho sumiu?

MARIDO: Hein?

AMIGA: O caracolzinho de cabelo branco sumiu. Você pintou?

MARIDO: Por que é que você não arranca essa aliança ridícula?

Dominique derruba água sobre Amiga.

DOMINIQUE: Desculpa.

AMIGA: Tudo bem.

DOMINIQUE: Eu não sabia.

AMIGA: Como as coisas derrubam nessa casa, né, menino?

DOMINIQUE: Vamos pro quarto, eu vou te trocar.

AMIGA: Não precisa.

DOMINIQUE: Por favor, eu faço questão.

Amiga e Dominique saem. Entra Empregada. Começa a limpar a sujeira.

MARIDO: Você ainda não me falou da sua filha.

Silêncio.

MARIDO: Fala.

Silêncio.

MARIDO: Eu quero muito ajudar a garota.

Silêncio.

MARIDO: Eu posso muito ajudar a garota.

Silêncio.

Aqui entra alguma coisa de opressão. Tipo escorrendo um prato lentamente pela mesa e deixando derrubar no chão. Empregada muito nervosa, congelada, e no fim do prato ela mergulha e cata a porcelana antes de ela se espatifar.

MARIDO: Eu posso muito ajudar a garota.

Empregada se levanta abruptamente na hora que Dominique e Amiga entram.

AMIGA: Cristina Procharska, lembra?

Dominique congela ao ver a situação. Amiga nem nota e mira Dominique.

AMIGA: [*para Dominique*] O que foi?

MARIDO: O quê?

AMIGA: O que foi, Dominique?

MARIDO: Dominique.

AMIGA: O que é que aconteceu?

DOMINIQUE: Música. Eu faço música.

AMIGA: Hein?

Silêncio. Empregada sai correndo.

MARIDO: [*sorrindo*] Cadê a sobremesa?

AMIGA: Por que é que você falou essa frase?

DOMINIQUE: Porque eu não dei conta.

AMIGA: Não deu conta de quê?

DOMINIQUE: Do que eu ouvi.

AMIGA: [*surda*] Hein???

MARIDO: Toca pra gente, Dominique.

AMIGA: Oi?

MARIDO: A fuga. Toca a sua fuga.

AMIGA: Boa ideia. [*pausa*] Mas vê se, dessa vez, não para no meio.

MARIDO: É, não para no meio.

AMIGA: Toca a música inteira. Não é dadivoso uma sinfonia inacabada.

MARIDO: Não é sinfonia, é fuga.

AMIGA: Maneira de falar.

Silêncio.

MARIDO: E aí, Dominique? Você vai tocar pra gente?

DOMINIQUE: Eu vou tocar.

Blecaute. Entra música.

CENA 6

Luzes. Entra música. Móveis em outra disposição. Variação do "acordar" de Dominic das cenas anteriores.

MUSICISTA: Você tava dormindo?

DOMINIC: Não, eu tava te esperando.

MUSICISTA: Que bom.

DOMINIC: Que bom que você veio.

MUSICISTA: Eu vim buscar a partitura.

DOMINIC: Você não quer sentar?

MUSICISTA: Pode ser.

DOMINIC: Eu só tenho a cama.

MUSICISTA: Oi.

DOMINIC: Eu só tenho a cama pra você sentar. Eu ia colocar uma poltrona no quarto, mas preferi ter um criado-mudo.

MUSICISTA: Criado-mudo?

DOMINIC: A mesinha de cabeceira.

MUSICISTA: Ah, tá.

DOMINIC: A minha vó sempre falava criado-mudo.

MUSICISTA: É engraçado.

DOMINIC: É do Brasil.

MUSICISTA: O quê?

DOMINIC: O termo criado-mudo foi criado no Brasil.

MUSICISTA: Criado-mudo foi criado no Brasil.

DOMINIC: Não o móvel.

MUSICISTA: Eu entendi.

DOMINIC: O termo criado-mudo foi criado no Brasil. Na década de vinte. O café.

MUSICISTA: Café.

DOMINIC: Porque na mesa de cabeceira se colocam objetos que você geralmente não encontra no mesmo cômodo. Livro, água, escova. Escritório, cozinha, banheiro. Na casa das pessoas ricas, os criados levavam os objetos pros patrões na hora de dormir. Mas os barões do café não gostavam muito de ter os criados dentro do quarto. Eles preferiam o criado-mudo. Um objeto inanimado que tem uma utilidade prática equivalente a um mordomo.

MUSICISTA: Nossa.

DOMINIC: O termo criado-mudo surgiu no Brasil na década de vinte. Por causa dos barões do café.

MUSICISTA: Como é que você sabe dessas coisas?

DOMINIC: Eu gosto de estudar as línguas.

MUSICISTA: Por quê?

DOMINIC: Porque o que eu escrevo não tem.

MUSICISTA: Hein?

DOMINIC: Música. Eu escrevo música.

MUSICISTA: Ah, tá.

DOMINIC: Não tem língua.

MUSICISTA: Não tem.

DOMINIC: É a mesma coisa em qualquer lugar do mundo.

MUSICISTA: Não precisa traduzir composição francesa pra tocar em Mianmar.

DOMINIC: Aí eu estudo o que precisa. De tradução. Pra fazer o contraponto.

MUSICISTA: Entendi.

DOMINIC: Eu acho que quando uma coisa muda de nome, ela muda também. Ou a forma como a gente vê. Muda o ponto de vista.

MUSICISTA: Você acha?

DOMINIC: Muito.

MUSICISTA: Me dá um exemplo.

DOMINIC: Animal.

MUSICISTA: Oi?

DOMINIC: Antes, animal era besta. Só se referiam aos animais como besta. A palavra animal é relativamente nova. E passou a ser usada no século XVI.

MUSICISTA: Olha!

DOMINIC: Animal vem de alma, mente e sentimento. Eu acho que mudou tudo depois que o mundo ficou cheio de animaizinhos em vez de ter um monte de bestas.

MUSICISTA: [ri] Que bonitinho.

DOMINIC: O nome muda a coisa. Ou o nosso ponto de vista sobre ela.

MUSICISTA: Que mais dessas coisas você sabe?

DOMINIC: Muitas.

MUSICISTA: Me conta.

DOMINIC: Um dialeto no Caribe tem cinco palavras pra descrever os diferentes tipos de silêncio.

MUSICISTA: Nossa!

DOMINIC: Cristal vem do grego e quer dizer gelo eterno, porque alguém um dia achou que o cristal era um gelo que não derretia.

MUSICISTA: Mentira!

DOMINIC: Capuccino tem esse nome porque tem um capuzinho de leite.

Musicista ri.

DOMINIC: Capuccino é capuzinho em italiano. Imagina sentar num café e pedir um capuzinho.

MUSICISTA: Sentir e ouvir são a mesma coisa!

DOMINIC: O quê?

MUSICISTA: Em italiano eles usam a mesma palavra pra sentir e ouvir. Sentir e ouvir são a mesma coisa.

DOMINIC: É verdade.

MUSICISTA: Quando eu descobri isso, eu achei lindo. [*tempo*] Foi quando eu decidi começar a tocar.

DOMINIC: Que bom.

Silêncio.

MUSICISTA: A gente já terminou a parte que você mandou.

DOMINIC: O quê?

MUSICISTA: A fuga. A partitura que você enviou. A gente conseguiu passar por ela ontem.

DOMINIC: Que bom.

MUSICISTA: Os ensaios tão indo bem.

DOMINIC: Eu fico feliz.

MUSICISTA: A gente sente muito a sua falta, mas os ensaios tão indo bem.

DOMINIC: É que eu tenho andado.

MUSICISTA: Eu vim buscar o final da peça.

DOMINIC: O quê?

MUSICISTA: A gente tinha combinado.

DOMINIC: De você buscar a continuação da partitura.

MUSICISTA: Isso. O final. Você disse que tava me esperando.

DOMINIC: Eu ainda não terminei.

MUSICISTA: Não terminou?

DOMINIC: Ainda não.

MUSICISTA: Mas você disse.

DOMINIC: Eu sei, mas eu não consegui.

MUSICISTA: Tudo bem. [*tempo*] Você quer que eu volte outro dia?

DOMINIC: Eu quero.

MUSICISTA: Eu sei que você não tem saído de casa. Mas seria bom se você passasse lá. Pra poder ouvir a gente tocando a composição.

DOMINIC: Claro.

MUSICISTA: Você quer que eu toque pra você?

DOMINIC: Que você toque?

MUSICISTA: Eu posso tocar um pedaço pra você ouvir.

DOMINIC: Pode.

MUSICISTA: Eu vou ficar bem nervosa. Mas eu posso tocar.

DOMINIC: Não, obrigado, não precisa.

MUSICISTA: Eu queria muito.

DOMINIC: Eu também.

MUSICISTA: O quê?

DOMINIC: Não precisa.

MUSICISTA: É por mim.

DOMINIC: Eu não quero.

MUSICISTA: Eu queria muito que você ouvisse.

DOMINIC: Eu queria muito ouvir você tocar.

MUSICISTA: Posso tocar?

DOMINIC: Não, obrigado, eu não quero.

MUSICISTA: É por mim.

DOMINIC: Eu não quero.

MUSICISTA: Por favor?

DOMINIC: Eu já disse que eu não quero!

Ela vai até ele. E toca. Não sai música.

MUSICISTA: Você gostou?

DOMINIC: Do quê?

Silêncio.

MUSICISTA: Dominic. [*tempo*] O que é que tá acontecendo com você?

DOMINIC: Eu vou terminar a partitura.

MUSICISTA: Você é um dos poucos que ainda.

DOMINIC: Eu sei.

MUSICISTA: Na semana passada você também tava dormindo.

DOMINIC: É que eu preciso.

MUSICISTA: Por que é que você tá dormindo tanto?

DOMINIC: Pra poder terminar a partitura.

MUSICISTA: O quê?

DOMINIC: Eu vou terminar.

MUSICISTA: Você tá dormindo pra terminar a partitura?

DOMINIC: Eu vou.

MUSICISTA: Me diz o que tá acontecendo!

Tempo

DOMINIC: A palavra viúva vem do latim. *Vidua*. E quer dizer vazio.

MUSICISTA: Eu não acho o vazio uma coisa triste.

DOMINIC: Por que não?

MUSICISTA: Quer dizer que pode encher.

Silêncio.

MUSICISTA: Eu volto depois pra pegar a partitura.

DOMINIC: [*chora*] Um sonho.

MUSICISTA: O quê?

DOMINIC: Eu tive um sonho. Eu sonhei com a música.

MUSICISTA: Você sonhou com uma música?

DOMINIC: Não. Eu sonhei com a música. Foi com a música. A música mais perfeita que eu já ouvi. E desde esse dia. Quando eu acordei. Eu não consigo mais. Eu [*pausa*] não consigo mais. E tudo ficou diferente. É como se aquela música que eu ouvi. Como se a minha vida não fosse mais de verdade. Quase como se ela fosse outra coisa. Que parece de verdade, mas não é. Que parece com a vida, mas não é.

MUSICISTA: Como se fosse um sonho, então?

DOMINIC: Como se fosse um teatro.

MUSICISTA: Isso aqui não é teatro, Dominic. Não é mentira, nem sonho, nem teatro. É só a sua vida.

DOMINIC: Eu não sei exatamente o que é que tá acontecendo.

MUSICISTA: Dominic.

DOMINIC: Tem alguma coisa acontecendo comigo, mas eu não sei exatamente o que é.

MUSICISTA: Dominic.

DOMINIC: Como é que a gente faz quando não sabe o lugar das coisas?

MUSICISTA: O quê?

DOMINIC: O que é que acontece quando você não sabe o lugar das coisas?

MUSICISTA: Em geral a gente só sente.

DOMINIC: E quando a gente para de sentir?

Silêncio.

Musicista pega a mão de Dominic. Coloca sobre o peito e toca. Quando a música começa: blecaute.

CENA 7

Movimentação de móveis. No lugar da mesa da sala temos a cama de Dominic. Mas é como se fosse a mesa. O clima vai ficando mais onírico e absurdo. Dominique com a voz cada vez com mais volume.

MARIDO: É uma carne muito gordurosa.

AMIGA: É mesmo?

MARIDO: Extremamente

AMIGA: Não imaginava.

MARIDO: Muito mais gordura do que uma peça de picanha.

AMIGA: Olha.

MARIDO: Proporcionalmente falando, claro.

AMIGA: Claro, proporcionalmente.

MARIDO: E não é só uma capa de gordura, sabe?

AMIGA: No caso da picanha é só uma capa.

MARIDO: Fica na peça inteira.

AMIGA: Até ajuda a realçar o sabor, dizem.

MARIDO: Misturado com as glândulas.

AMIGA: Qual será a carne que ela usou no steak tartare?

MARIDO: Então em muitos casos tem que queimar.

AMIGA: Queimar?

MARIDO: A gordura. Em muitos casos tem que queimar a gordura.

AMIGA: Ah, claro. Queimar a gordura.

MARIDO: Porque fica misturada com as glândulas.

AMIGA: Entendi.

MARIDO: Fica difícil de retirar.

AMIGA: O melhor é queimar mesmo.

MARIDO: É por isso que as salas de cirurgia ficam com um cheiro insuportável.

AMIGA: Cheiro de gordura queimada.

MARIDO: No caso da redução de mama, sim.

AMIGA: Entendi.

MARIDO: É uma carne muito gordurosa.

AMIGA: Mama é uma carne gordurosa.

MARIDO: Mais gordura que uma peça de picanha.

DOMINIQUE: [*alto*] Eu não quero ser penetrado!

AMIGA: O quê?

Tempo.

DOMINIQUE: Vocês gostaram do almoço?

AMIGA: Tava divino, como sempre.

MARIDO: O que é que você falou?

DOMINIQUE: Acho que eu não vou nem perguntar se vocês querem sobremesa.

AMIGA: Hoje eu pensei em querer.

MARIDO: Cada vez pior.

AMIGA: Fiquei com vontade de comer barriga de freira.

DOMINIQUE: Barriga de freira ela não fez.

AMIGA: Que estranho!

MARIDO: Muito.

AMIGA: Como é que não faz barriga de freira no domingo, gente?

DOMINIQUE: Quê?

MARIDO: No limite da estranheza.

AMIGA: Barriga de freira no domingo é redentor.

DOMINIQUE: Por quê?

AMIGA: Não sei.

DOMINIQUE: Barriga de freira é difícil de fazer.

AMIGA: Quando eu era criança, eu adorava doce com nome de corpo.

DOMINIQUE: É um despropósito.

AMIGA: Barriga de freira, olho de sogra, rabanada.

DOMINIQUE: Rabanada?

MARIDO: Total despropósito.

AMIGA: Até o dia que a minha mãe chamou o filho da empregada de anjo e eu cravei um garfo no pescoço do garoto querendo botar pra dentro o tal do papo.

Ri louca.

AMIGA: Papo de anjo.

DOMINIQUE: Eu entendi.

AMIGA: Mas ele não chegou a morrer, não. Sanguinho, né?

DOMINIQUE: Que bom.

MARIDO: Será?

AMIGA: E a peça?

DOMINIQUE: O teatro?

MARIDO: A picanha?

AMIGA: A fuga. A peça musical que você tem tocado pra gente nos finais de almoço.

DOMINIQUE: Claro, a fuga.

AMIGA: Foi a coisa mais linda que eu já ouvi na vida.

MARIDO: Será?

DOMINIQUE: Obrigada, querida.

AMIGA: Dominique, você não tem ideia.

MARIDO: Ninguém tem.

DOMINIQUE: Eu tô muito feliz de ter voltado a tocar.

MARIDO: Todos nós estamos.

AMIGA: E parece que você não perdeu nada.

DOMINIQUE: Oi?

AMIGA: A habilidade, Dominique.

DOMINIQUE: Ah, claro, a habilidade.

AMIGA: Eu me lembro na época de faculdade.

MARIDO: Faz muito tempo.

AMIGA: Todo mundo crente que você ia seguir carreira.

DOMINIQUE: Todo mundo crente.

AMIGA: As pessoas acreditavam que a Dominique seria uma grande musicista.

MARIDO: É verdade?

DOMINIQUE: É verdade.

AMIGA: Ninguém entendia o que você tava fazendo naquela faculdade.

DOMINIQUE: Nem eu mesma entendia.

AMIGA: Quando a Dominique tocava parecia que o mundo.

DOMINIQUE: Eu fico feliz que você.

AMIGA: Eu fico feliz que você tenha voltado a tocar.

DOMINIQUE: Eu também tô me sentindo muito bem.

MARIDO: Todos nós estamos.

AMIGA: Tanto tempo sem tocar e a técnica.

DOMINIQUE: Muito tempo.

AMIGA: Eu não entendo muito do assunto, mas parece que você nunca parou.

DOMINIQUE: Mas eu parei.

MARIDO: Parou.

DOMINIQUE: Durante muitos anos.

AMIGA: Quando foi mesmo que você parou?

DOMINIQUE: Foi quando eu me casei.

AMIGA: Que bom que agora você voltou.

MARIDO: Que bom.

DOMINIQUE: Que bom.

AMIGA: Eu só não entendo por que não.

DOMINIQUE: Oi?

MARIDO: Inteira.

AMIGA: Por que você não toca ela inteira?

DOMINIQUE: A peça?

MARIDO: A música.

AMIGA: A fuga.

DOMINIQUE: A fuga.

AMIGA: Conta-gotas, Dominique. Música a conta-gotas.

DOMINIQUE: Eu não sei.

AMIGA: Começou com um pedacinho.

MARIDO: Bem pequeno.

AMIGA: Semana passada, um maior.

MARIDO: De quem é?

AMIGA: Tomara que hoje você termine.

MARIDO: De quem é essa música?

AMIGA: Eu quero muito ouvir ela inteira.

MARIDO: Eu queria saber de quem é.

DOMINIQUE: [*alto*] Eu vou terminar a partitura!

Silêncio.

AMIGA: Que partitura?

MARIDO: Por acaso agora você é compositora?

Tempo.

DOMINIQUE: Claro que não.

AMIGA: Então de que partitura você tá falando?

Tempo.

DOMINIQUE: Por que é que ela não tira a mesa?

MARIDO: Foi mais uma frase?

DOMINIQUE: O que será que aconteceu?

AMIGA: E a peça?

DOMINIQUE: A fuga?

MARIDO: A mama?

AMIGA: Teatro. E a peça de teatro?

MARIDO: Ótimo assunto.

DOMINIQUE: [*alto*] Tira a mesa, por favor?

AMIGA: Você nunca mais falou.

MARIDO: É só o que ela tem feito.

DOMINIQUE: A gente já terminou.

AMIGA: Qual era a história mesmo?

MARIDO: Música.

AMIGA: Um maestro que parou de ouvir música.

DOMINIQUE: O almoço já acabou!

AMIGA: Ele mora com a irmã que tem uma filha doente.

MARIDO: Uma menina?

AMIGA: Um filho morto.

DOMINIQUE: Por favor!

AMIGA: Tem também um garoto de programa, né?

MARIDO: Ela tinha comentado.

AMIGA: E uma moça.

DOMINIQUE: A mesa!

AMIGA: Qual era a história da moça?

MARIDO: Parece com você.

DOMINIQUE: Pode tirar a mesa!

AMIGA: E o maestro?

MARIDO: A música.

DOMINIQUE: Já acabou!

AMIGA: Por que é que ele não ouve mais música?

MARIDO: Por quê?

DOMINIQUE: Agora!

AMIGA: Ele não quer?

MARIDO: Será?

DOMINIQUE: Agora!

AMIGA: Ou não consegue?

DOMINIQUE: Tira!

AMIGA: Ele não consegue mais ouvir música!

DOMINIQUE: Sentir!

AMIGA: O quê?

DOMINIQUE: Sentir e ouvir são a mesma coisa.

AMIGA: O que é que tá acontecendo?

DOMINIQUE: Eu não sei exatamente o que tá acontecendo!

MARIDO: Dominique.

DOMINIQUE: Eu não quero ser penetrada.

AMIGA: Meu Deus.

DOMINIQUE: Eu sei que você sente muita saudade dele.

MARIDO: Eu não disse?

DOMINIQUE: Eu quero me misturar com o mundo.

MARIDO: As frases.

DOMINIQUE: Como é que a gente faz quando não sabe o lugar das coisas?

MARIDO: Ela fica repetindo essas frases.

DOMINIQUE: E quando a gente para de sentir?

MARIDO: Dominique.

DOMINIQUE: E quando a gente para de sentir?

Blecaute em metade do palco. Luzes do outro lado. Entra música. Mas dessa vez a música não sai. Começa aqui Bachianas nº 7, *desde o início. O fim da música coincide exatamente com o fim da peça.*

CENA 8

IRMÃ: Dominic.

DOMINIC: Dominique.

IRMÃ: Quê?

DOMINIC: A gente sonha.

IRMÃ: Do que é que você tá falando?

DOMINIC: Da música.

IRMÃ: Chega, Dominic. Levanta.

DOMINIC: Quando a gente para de sentir, a gente sonha.

IRMÃ: Os seus amigos chegaram.

DOMINIC: Ela precisa tocar.

IRMÃ: A moça do violino e o rapaz da calça estranha.

DOMINIC: Eu preciso dormir e ela precisa tocar.

IRMÃ: Não consigo entender a calça daquele garoto.

DOMINIC: Sonhar com ela tocando.

IRMÃ: Você acabou de acordar.

DOMINIC: A fuga.

IRMÃ: Fora que os seus amigos estão aí.

DOMINIC: A minha fuga.

IRMÃ: Falei pra não entrar porque não tá em condições, né?

DOMINIC: Eu não terminei a partitura.

IRMÃ: Mas, tão os dois aí fora esperando a sua sua.

DOMINIC: Eu só ouço no sonho.

IRMÃ: Pelo menos arrumar um pouco tem quê.

DOMINIC: Eu só ouço com ela.

IRMÃ: Mas fica que fica, Dominic.

DOMINIC: Eu preciso escrever.

IRMÃ: Só dorme.

DOMINIC: Eu preciso tocar.

IRMÃ: Toca, Dominic.

DOMINIC: Eu preciso sonhar com ela tocando.

IRMÃ: Cada vez mais verde, Dominic. Quase abacate do sítio da titia em Ipameri.

DOMINIC: Era a música mais pura.

IRMÃ: Você precisa parar com essa mania de dormir. Tá fazendo até fôrminha.

DOMINIC: Era perfeito.

IRMÃ: Fôrminha na cama, Dominic. A cama tá ficando com a forminha do seu corpo.

DOMINIC: No sonho era perfeito.

IRMÃ: Forminha do corpo. Fôrminha do corpo.

DOMINIC: O som.

IRMÃ: Forminha, Dominic. Fôrminha. Forminha, fôrminha.

DOMINIC: Eu quero escutar.

IRMÃ: Você nunca me ouve.

DOMINIC: Me ajuda.

IRMÃ: A vida inteira foi assim.

DOMINIC: Por favor.

IRMÃ: Agora fica aí jogado nessa cama.

DOMINIC: Me ajuda.

IRMÃ: Eu conheço o meu eleitorado.

DOMINIC: Eu preciso ouvir música.

IRMÃ: Levanta, Dominic.

DOMINIC: Eu preciso ouvir música.

IRMÃ: Dias nessa ladainha.

DOMINIC: Na vida.

IRMÃ: Não faz nada pela casa.

DOMINIC: Ouvir na vida.

IRMÃ: Não faz nada por ninguém, Dominic.

Dominic, muito baixo, fica tentando dizer a frase para Irmã: "Eu parei de ouvir música."

IRMÃ: Não diz, não come, não escova, não ganha, não arrisca, não ganha, não modula, não escreve, não gargalha, não pede, não dá, não lava, não usa a plaina, não passa fio dental, não conta, não faz, não permite, não ajuda, não carrega, não acorda e não ouve.

DOMINIC: [*grita*] O seu filho morreu!

Pausa.

IRMÃ: Por que é que você disse isso?

DOMINIC: Pra você ouvir.

CENA 9

Blecaute sobre o quarto de Dominic. Luz sobre a sala de Dominique.

DOMINIQUE: Como é que a gente faz quando para de sentir?

AMIGA: Dominique.

DOMINIQUE: Como é que a gente faz quando para de ouvir música?

MARIDO: Esquece essa peça.

DOMINIQUE: Não tem mais nada.

AMIGA: Onde?

DOMINIQUE: Não tem mais nada aqui.

AMIGA: Do que é que você tá falando?

DOMINIQUE: Aquelas palavras.

MARIDO: Ela tá falando da peça.

DOMINIQUE: Aquele som.

AMIGA: Senta um pouco, Dominique.

DOMINIQUE: Depois que eu ouvi aquilo.

MARIDO: Eu não sei mais o que fazer.

DOMINIQUE: Não é mais suficiente.

AMIGA: O que não é?

DOMINIQUE: Nenhum som, nenhuma música.

MARIDO: Dominique.

DOMINIQUE: Nenhum sentimento, nenhum som, nenhuma música.

AMIGA: Do que é que você tá falando?

MARIDO: Ela tá falando da peça.

DOMINIQUE: Eu tô falando de mim.

MARIDO: Para com isso, Dominique.

DOMINIQUE: As coisas que eu sinto depois do que eu ouvi no teatro não são mais suficientes.

AMIGA: Toca pra gente.

DOMINIQUE: Sentir na vida é muito pouco.

MARIDO: Boa ideia, Dominique. Toca pra gente.

DOMINIQUE: A realidade.

MARIDO: Tudo melhora quando você toca.

DOMINIQUE: A realidade não cabe mais na realidade.

AMIGA: A música.

DOMINIQUE: Eu quero ouvir música.

MARIDO: Mas para de repetir essas frases.

AMIGA: Que frase.

MARIDO: Essas frases da peça que ela fica repetindo.

DOMINIQUE: Eu tô falando de mim.

MARIDO: Pra tentar sentir sei lá o quê.

DOMINIQUE: É como se ele fosse eu.

AMIGA: Toca pra gente, Dominique.

MARIDO: Eu vou buscar o seu violino.

Marido sai.

DOMINIQUE: Me ajuda.

AMIGA: Eu tô aqui.

DOMINIQUE: Eu quero aquele sentimento.

AMIGA: Calma, minha amiga.

DOMINIQUE: Eu quero.

AMIGA: Você voltou a tocar.

DOMINIQUE: Foi por causa dele.

AMIGA: Dominique.

DOMINIQUE: Foi por causa dele que eu voltei a tocar.

AMIGA: Teatro não é vida.

DOMINIQUE: Foi por causa dele que eu voltei a tocar.

AMIGA: Ele não existe.

DOMINIQUE: Eu ouço.

AMIGA: Ele não existe, Dominique.

Pausa.

DOMINIQUE: O dono dessa aliança é que não existe.

AMIGA: O quê?

DOMINIQUE: Você não é viúva. Ele te abandonou.

AMIGA: Por que é que você tá dizendo isso?

DOMINIQUE: Pra você sentir.

CENA 10

A partir de agora as cenas se misturam. Garoto de programa/ Marido entra nos dois planos com roupas misturadas, parte da roupa do Garoto de programa, parte do Marido. (Toda vez que houver um * no diálogo quer dizer que os personagens falam juntos, ao mesmo tempo.)

GAROTO DE PROGRAMA/MARIDO: Desculpa entrar assim, mas é que eu ouvi.

DOMINIC: Não, tudo bem. Não tem problema.

GAROTO DE PROGRAMA/MARIDO: A sua amiga também tá te esperando.

IRMÃ/EMPREGADA: Por quê?

AMIGA/MUSICISTA: Por quê?

GAROTO DE PROGRAMA/MARIDO: Tá acontecendo alguma coisa aqui?

DOMINIQUE: Ele te abandonou.

DOMINIC: Você não tem 23 anos!

GAROTO DE PROGRAMA/MARIDO: O quê?

AMIGA/MUSICISTA: Eu sei.

DOMINIC: *Você ouve música.

DOMINIQUE: *Você sente as coisas!

GAROTO DE PROGRAMA/MARIDO: O que é que você tá falando, meu amigo?

AMIGA/MUSICISTA: Mas tem coisas que eu prefiro não.

DOMINIC: É música.

DOMINIQUE: É música.

IRMÃ/EMPREGADA: O que é que tá acontecendo, Dominic?

DOMINIQUE: É sempre bom sentir a música.

DOMINIC: Envelhecer, perder um filho, perder um amor. É tudo música.

AMIGA/MUSICISTA: Eu não quero.

GAROTO DE PROGRAMA/MARIDO: Você nem me conhece.

IRMÃ/EMPREGADA: Para, Dominic.

GAROTO DE PROGRAMA/MARIDO: Dominic.

AMIGA/MUSICISTA: Dominic.

GAROTO DE PROGRAMA/MARIDO: Você tá melhor, Dominique?

DOMINIQUE: Eu sei de tudo o que você faz com ela.

GAROTO DE PROGRAMA/MARIDO: De tudo?

DOMINIC: É tudo música!

IRMÃ/EMPREGADA: Me deixa em paz.

DOMINIQUE: E mesmo assim eu quero ouvir.

DOMINIC: Eu preciso ouvir música!

AMIGA/MUSICISTA: Tá tudo bem.

GAROTO DE PROGRAMA/MARIDO: Para de repetir essas frases.

DOMINIQUE: Porque é tudo música.

DOMINIC: A raiva que nasce de um homem que envelhece é música.

DOMINIQUE: É música.

DOMINIC: O medo de perder um filho que tá doente é música.

DOMINIQUE: É música.

DOMINIC: E a tristeza de um amor perdido é música.

AMIGA/MUSICISTA: É música.

DOMINIC: Eu quero ouvir música.

DOMINIQUE: Muita.

DOMINIC: E eu não ouço mais.

DOMINIQUE: O que eu sinto não é.

DOMINIC: Desde que eu sonhei com ela eu não ouço mais música.

DOMINIQUE: Eu parei de sentir.

DOMINIC: Eu me dei conta de que tenho todas as notas dentro de mim. Todas as notas. Em todas as escalas. Em todos os volumes. E em todos os ritmos. E muita música.

DOMINIQUE: É muita música.

DOMINIC: É tanta música que não cabe na partitura.

DOMINIQUE: Um sentimento tão grande que não existe em palavra.

DOMINIC: Como é que se escreve essa música?

DOMINIQUE: Como é que se ouve esse som?

DOMINIC: Um único som.

DOMINIQUE: De tudo.

DOMINIC: Agora.

DOMINIQUE: Um som.

DOMINIC: O som do agora. Eu quero ouvir o som do agora. Um único som. Um som amarelo. Um som violento. Um som de três meses. [*tempo*] Um som de cabelo branco. De porta-retrato. De medo de mãe. [*tempo*] Som de meia encardida, de frio na boca, de flor quase morta e de cravo com mel. [*tempo*] Um som de parede pintada, de olho molhado, de anel devolvido, de quarta sem sol. [*tempo*] Som de chá. Som de nó. Som de céu. [*tempo*] Eu quero ouvir. Eu quero ouvir o amarelo, o violento e o tempo. Eu quero ouvir os cabelos brancos, a boca gelada e a fotografia. A cor da parede, o molhado do olho, o encardido da meia, o nublado da quarta e a morte da flor. Eu quero ouvir música. Eu quero ouvir música! Eu quero ouvir o medo da mãe que sempre troca a imagem do filho no porta-retrato amarelo porque ele cresceu, mas não sabe se daqui a três meses vai poder mais. Eu quero ouvir a tristeza da mulher de aliança que esquenta a boca tomando chá com mel numa quarta nublada se lembrando de um casamento que nunca aconteceu. Eu quero ouvir o desespero lento do homem de cabelo branco que rega um crisântemo seco, e se dá conta de que não pode fazer nada pra que ele não morra. Eu quero ouvir música. Eu quero ouvir a música do sonho. Eu quero ouvir a música do sonho na vida. Mas eu só ouço no sonho.

DOMINIQUE: Eu só sinto no palco.

DOMINIC: Eu só ouço no sonho. *Quando ela toca.

DOMINIQUE: *Quando ele fala.

DOMINIC: Do sonho.

DOMINIQUE: O teatro.

DOMINIC: É no sonho que eu ouço a música.

DOMINIQUE: No teatro.

DOMINIC: É no sonho que eu vivo.

DOMINIQUE: Eu sinto.

DOMINIC: Quando ela toca. Eu vivo. A vida dela.

Dominique toca e morre. Quando ela cai no chão, blecaute. Tempo. A luz se acende, vemos Dominic, morto, no lugar de Dominique. E logo atrás, na plateia, Dominique assiste à sua própria morte. Quando a fuga de Villa-Lobos finalmente termina, termina a peça.

FIM

Sobre o autor

Rodrigo Nogueira é autor, diretor e ator de teatro, cinema e TV (não com todas as funções em todos os meios, claro). É autor de umas 15 peças de teatro, entre elas *Play*, *Obituário ideal* e *O teatro é uma mulher* (que ainda vai escrever). Atuou em mais de vinte peças, como *An Oak Tree*, de Tim Crouch, *Comédia russa*, de Pedro Brício, e *Madrigal em processo*, criação coletiva da Pequena Orquestra. Como diretor, realizou três espetáculos, *Ponto de Fuga*, *Obituário ideal* e *Rebeldes — Sobre a raiva*.

Rodrigo foi indicado duas vezes ao Prêmio Shell de melhor autor, por *Obituário ideal* e *Play*, e quatro vezes ao APTR, no qual ganhou o prêmio com *Ponto de fuga*. Faz parte, ainda, do coletivo Pequena Orquestra e é um dos diretores artísticos do Teatro Ipanema.

(Nas palavras do autor, esta biografia é válida até 20h01 do dia 17 de julho de 2012.)

Copyright © Editora de Livros Cobogó
Copyright © Rodrigo Nogueira

Editora
Isabel Diegues

Editora Assistente
Barbara Duvivier

Consultoria
Luiz Henrique Nogueira

Coordenação de Produção
Melina Bial

Produção Editorial
Vanessa Gouveia

Revisão Final
Eduardo Carneiro

Projeto Gráfico e Diagramação
Mari Taboada

Capa
Luiza Marcier e Radiográfico

CIP-BRASIL. CATALOGAÇÃO-NA-FONTE
SINDICATO NACIONAL DOS EDITORES DE LIVROS, RJ

Nogueira, Rodrigo, 1979-
 Ponto de fuga / Rodrigo Nogueira. – Rio de Janeiro: Cobogó, 2012.
  (Dramaturgia; 3)

 ISBN 978-85-60965-29-8

 1. Teatro brasileiro (Literatura). I. Título. II. Série.

12-5225.   CDD: 869.92
                                             CDU: 821.134.3(81)-2

Nesta edição, foi respeitado o Acordo Ortográfico da Língua Portuguesa de 1990, que entrou em vigor no Brasil em 2009.

Todos os direitos reservados à
Editora de Livros Cobogó Ltda.
Rua Jardim Botânico, 635/406
Rio de Janeiro – RJ – 22470-050
Tel.: (21) 2282-5287
www.cobogo.com.br

Outros títulos desta coleção:

NINGUÉM FALOU QUE SERIA FÁCIL
Felipe Rocha

TRABALHOS DE AMORES QUASE PERDIDOS
Pedro Brício

NEM UM DIA SE PASSA SEM NOTÍCIAS SUAS
Daniela Pereira de Carvalho

ALGUÉM ACABA DE MORRER LÁ FORA
Jô Bilac

OS ESTONIANOS
Julia Spadaccini

COLEÇÃO
DRAMA-
TURGIA

2012

1ª impressão

Este livro foi composto em Univers.
Impresso pela Prol Editora Gráfica
sobre papel Lux Cream 70g/m2.